細水保宏 編著　HOSOMIZU YASUHIRO
ガウスの会　執筆

授業で使える！
算数 SANSU
おもしろ問題 OMOSHIRO MONDAI

東洋館出版社

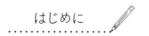

算数のおもしろさをもっと味わおう！

　算数を学ぶことを通して，「算数っておもしろい」「考えることが楽しい」と感じる子どもたちを増やしていきたいと思っています。
　それには，魅力ある教材が必要です。例えば，

- 教師自身がおもしろいと感じること
- 育てたい力に迫ることができること
- 「へぇ〜！」「なるほど！」とつぶやきが聞こえてくること
- 新しいものが見えてくること
- エレガントな解法があること
- 問題から問題が生まれてくること

といった条件を兼ね備えている教材です。
　本書は，ガウスの会で「おもしろい！」と感じた魅力ある問題を60題集めたものです。
　もちろん，クラスの子どもたちの姿をイメージして，教材をアレンジしたり，提示の仕方を工夫したりすることは必要です。しかし，おもしろい問題は，授業を楽しいものへと変えていくことができます。さらに，そのおもしろさを分析して，教科書をアレンジしたり，ちょっぴり膨らませてみたりすると，さらに授業がおもしろくなり，算数好きを増やしていくことができます。

　ガウスの会では，「ハテナからナルホドへ」「算数を楽しむ」をモットーに，『ガウス先生の不思議な算数授業録』から，『参観授業で使いたい！　算数教材30』まで，合計10冊の本を出版してきました。また，開発した教材を実際の授業でどのように使っていったらよいかを追究しようとして発足したガウスの会・算数授業研究会も第13回目(平成28年6月18日開催)を迎えています。
　本書に掲載した60題は，多くの先生方や子どもたちに「算数のおもしろさ」や「考える楽しさ」を味わっていただけると確信しています。
　最後に，本書の出版にあたり，東洋館出版社の畑中潤氏，小林真理菜さんに，貴重なご示唆や温かい励ましをいただきました。心から感謝申し上げます。

2016年6月　細水　保宏

授業で使える！算数おもしろ問題60　目次

はじめに　1
本書の見方　6

1年〜
① 1はいくつ？……………………… 7
② 7になるひき算 ………………… 9

2年〜
③ ピラミッドの計算 ……………… 11
④ バナナに入る数は？ …………… 13
⑤ 方陣算 …………………………… 15
⑥ マス計算 ………………………… 17
⑦ 1〜8で式を作ろう …………… 19
⑧ たし算十字 ……………………… 21
⑨ 不思議なひき算 ………………… 23
⑩ 3つのサイコロの出た目は？ … 25

3年〜
⑪ 連続する数の和を等しくするには …… 27
⑫ 一番大きくなる式は？ ………… 29
⑬ 2番目との差は？ ……………… 31

- ⑭ 必勝法を考えよう！ …… 33
- ⑮ 1〜9で式を作ろう …… 35
- ⑯ 同じ数字が並ぶには？ …… 37
- ⑰ 2回かけてひくと？ …… 39
- ⑱ 暗算でできるかな …… 41
- ⑲ 入れ替えても答えは同じ？ …… 43
- ⑳ 切り終わる時間は？ …… 45
- ㉑ 100はどこかな？① …… 47
- ㉒ 100はどこかな？② …… 49

4年〜

- ㉓ いくつあるかな？① …… 51
- ㉔ 針金の長さは？ …… 53
- ㉕ 不思議な九九 …… 55
- ㉖ どちらの畑が広いかな …… 57
- ㉗ 2倍のL字型を作ろう …… 59
- ㉘ あみだくじ …… 61
- ㉙ 折り目の数は？ …… 63
- ㉚ さっさ立て（江戸時代の和算） …… 65

31 積を最大にするには？ ……………… 67

32 割り進んでいくと… ……………… 69

33 立方体に色を塗って ……………… 71

34 のりしろの数は？ ……………… 73

5年〜

35 ６個の立方体の表面積 ……………… 75

36 新幹線の座り方 ……………… 77

37 72 で割り切れる数 ……………… 79

38 サイコロを振って ……………… 81

39 和が等しくなる入れ方は？ ……………… 83

40 積が等しくなる入れ方は？ ……………… 85

41 最後に立っている子は？ ……………… 87

42 九九表の数の合計は？ ……………… 89

43 10 個たすといくつになるかな？ ……………… 91

44 何度かな？ ……………… 93

45 □に当てはまる数は？ ……………… 95

46 ずっとたしていくと…① ……………… 97

47 ずっとたしていくと…② ……………… 99

48 正方形の間にできる三角形の面積 …… 101

49 二等辺三角形の面積は？ ………… 103

50 求め方に共通するものは… ………… 105

51 3つの数を求めよう ………… 107

52 いくつまでたしたのかな？ ………… 109

53 一筆書きできる図形を探そう ………… 111

54 一筆書きできる立体を探そう ………… 113

6年

55 中心角がわからないおうぎ形の面積 … 115

56 どちらが広いかな？ ………… 117

57 円錐の表面積 ………… 119

58 金額は何通り？ ………… 121

59 正方形はいくつできるかな ………… 123

60 いくつあるかな？② ………… 125

執筆者紹介　　127

本書の見方

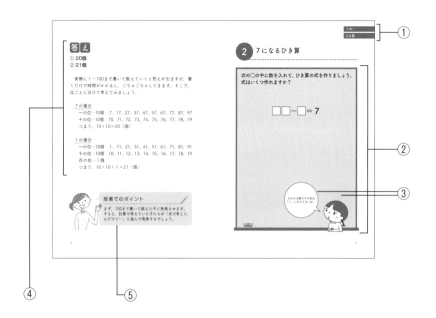

① 問題を扱うのに適した学年と単元を示しています。
※ ただし，必ずしもその学年・単元で使う必要はなく，他の学年や特別な授業のときなど，様々な場面で使えます。
② 問題です。
③ 解くためのヒントや子どもから引き出したいつぶやきなどを記載しています。
④ 前問の答えと解説です。
⑤ 実際に授業をするにあたってのポイントなどを紹介しています。

1 1はいくつ？

1から順番に100まで数を書いていきます。

1, 2, 3, 4, 5, 6…

① 数字の7をいくつ書くでしょうか？

② 数字の1をいくつ書くでしょうか？

100まで書くのは大変だなあ…

① 20個
② 21個

　実際に1〜100まで書いて数えていくと答えが出ますが、書くだけで時間がかかるし、ごちゃごちゃしてきます。そこで、位ごとに分けて考えてみましょう。

　7の場合
　　一の位…10個　7, 17, 27, 37, 47, 57, 67, 77, 87, 97
　　十の位…10個　70, 71, 72, 73, 74, 75, 76, 77, 78, 79
　　つまり、10＋10＝20（個）

　1の場合
　　一の位…10個　1, 11, 21, 31, 41, 51, 61, 71, 81, 91
　　十の位…10個　10, 11, 12, 13, 14, 15, 16, 17, 18, 19
　　百の位…1個
　　つまり、10＋10＋1＝21（個）

授業でのポイント

まず、100まで書いて数えた子に発表させます。すると、計算で考えていた子たちが「式で考えたんだけど…」と進んで発表するでしょう。

1年〜
ひき算

2 7になるひき算

次の□の中に数を入れて，ひき算の式を作りましょう。
式はいくつ作れますか？

$$\boxed{}\boxed{}-\boxed{}=7$$

ひかれる数の十の位は
「1」しか入らないね…

7つ

　差が１桁の式ですから，ひかれる数の十の位には「１」しか入りません。
　成り立つ式は，次の７つになります。

　　10－3＝7
　　11－4＝7
　　12－5＝7
　　13－6＝7
　　14－7＝7
　　15－8＝7
　　16－9＝7

　この教材は発展的に考えられる教材です。
　例えば，「□□－□＝8」だったら成り立つ式は8つ，「□□－□＝9」だったら成り立つ式は9つです。
　つまり，答えが変わっても「式の答え＝できる式の数」というおもしろさがあります。

授業でのポイント

「答えと式の数が同じになったよ！」というつぶやきが上がったら，「答えが8だったら，どうなると思う？」と問いかけ，発展的に考える態度を引き出しましょう。

3 ピラミッドの計算

下のように隣り合う数をたし算し、その答えを上の四角に書いていきます。

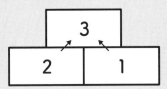

さて、ピラミッドの一番下の段に、1，2，3，4の数を好きなように入れてたし算していきます。
最も大きい頂上の数はいくつでしょうか。

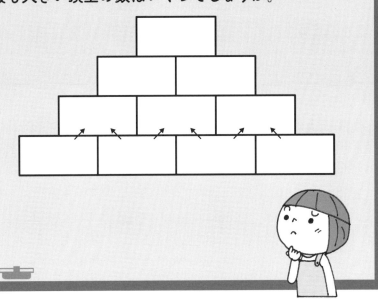

24

　1，2，3，4の数をどこに並べるかで，頂上の数は変わります。
　例えば，1，2，3，4の順に入れると，頂上の数は20になります。2，1，3，4の順に入れると，頂上の数は18になります。
　では，一番下の数をどの順番で入れていけば，頂上の数が最も大きくなるのでしょうか。
　一番下の数を，A，B，C，Dとして考えてみます。

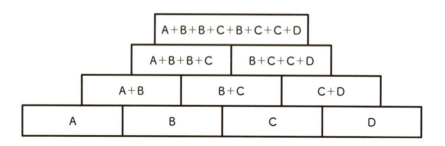

　計算すると，頂上の数は，A＋B＋B＋C＋B＋C＋C＋D＝A＋（B＋C）×3＋Dだから，BとCの和を大きくすればよいのです。

授業でのポイント

まずは自由に数を入れさせて順番が変わると，頂上の数も変わることを皆で確認してから考えてみましょう。

2年〜
たし算

4 バナナに入る数は？

下の文字に①〜⑨の数を当てはめて式を作りましょう。

(1)　バ＋ナ＋ナ＝14

(2)　バ＋ナ＋ナ＝15

同じ文字には
同じ数字が
入ります

(1)
　2＋6＋6＝14
　4＋5＋5＝14
　6＋4＋4＝14
　8＋3＋3＝14

(2)
　1＋7＋7＝15
　3＋6＋6＝15
　~~5＋5＋5＝15~~
　7＋4＋4＝15
　9＋3＋3＝15

ナ＋ナ＋ナに なっちゃうね

授業でのポイント

（1）の バ には偶数，（2）の バ には奇数しか入らないのがポイントです。

5 方陣算

2年〜
たし算

下のマスに50円と100円のコインを３つずつ入れます。
縦・横・斜めの３つのマスの和が等しくなるようにしましょう。

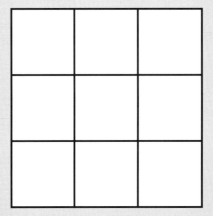

（例）

※回転や50と100の入れ替えも可

　コインが6枚であることから3カ所「入らないマス」があります。
　コイン6枚の総計450円から1列の合計は150円。したがって，100円は同じ列に入りません。→100円は真ん中には入りません。

授業でのポイント

個々に考える時間を確保した上で，「最初にどこから考える？」からスタートし，何通りかの道筋を確かめながら，理由を説明することを大切に進めましょう。

6 マス計算

2年〜
たし算

下のマス目に1〜6の数を入れて，たし算表を完成させましょう。左の縦の列にたされる数，上の横の列にたす数を入れます。

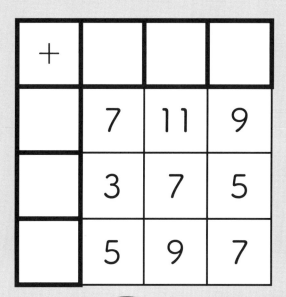

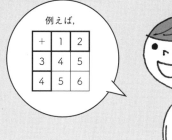

例えば，

(例)

＋	1	5	3
6	7	11	9
2	3	7	5
4	5	9	7

次のように求めます。
・縦・横の列の中で最も大きな数が集まっている列を探す。
・最大11に注目，5＋6しかないことから5と6の位置が限られる。同様に最小3から1と2の位置も限られる。

授業でのポイント

「マスの数や数値を大きくする」「－×÷に切り替える」など，楽しさを広げて「問題づくり」に取り組むこともできます。

2年〜

たし算

7　1〜8で式を作ろう

下の□に1〜8までの数字を1つずつ入れて，式を完成させましょう。

□+□=□+□+□=□+□+□

$$\overset{12}{\overbrace{5+7}} = \overset{12}{\overbrace{1+3+8}} = \overset{12}{\overbrace{2+4+6}}$$

$$\underset{12}{\underbrace{4+8}} = \underset{12}{\underbrace{2+3+7}} = \underset{12}{\underbrace{1+5+6}}$$

1〜8の総和が36なので,12を3つ作ります。
8以下の異なる2つの数で和が12になるのは2通りだけです。

授業でのポイント

1つ目の答えが見つかったら,他にも答えがないか考える展開にしましょう。1つ目の答えを入れ替えて考えることにも気付かせましょう。

2年～
たし算

8 たし算十字

1～8の8つ数を，縦・横・2つの円のそれぞれの4つの数の和が等しくなるように並べます。
○の中に数字を入れて完成させましょう。

答えは
1つじゃない？

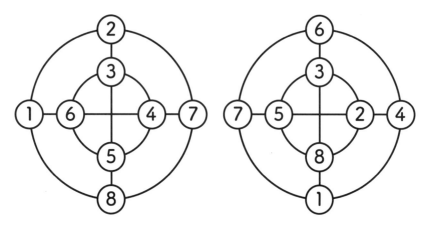

　答えがいくつもあるオープンエンドの問題です。試行錯誤しながら数を入れていってもできないことはないですが、1～8の総和が36であることから、18の組み合わせを意識すると作りやすいです。

授業でのポイント

手がつかない子がいる場合は、いくつかの数字を提示してあげてもいいでしょう。

2年〜
ひき算

9 不思議なひき算

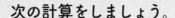

次の計算をしましょう。

① 好きな2桁の数を選びます（ア イ）。

② 十の位の数と一の位の数をたします（ウ）。

③ ①の数（ア イ）から②の数（ウ）をひきます。
おもしろいことに気付きませんか。

答え

・答えが9の段の九九（9の倍数）になる
・答えが選んだ（十の位の数）×9になる

例えば，適当に数を選んで計算してみると…

①   37   76   48

② 3 + 7 = 10   7 + 6 = 13   4 + 8 = 12

③   37   76   ×9 ⌒ ㊵8
   −10   −13   −12
    27   63   36

  （9×3）   （9×7）   （9×4）

授業でのポイント

きまりを見つけたならば，「なぜ？」を考えてみると考える力を伸ばすことができます。

2年～
特設単元

 3つのサイコロの出た目は？

3つのサイコロを振りました。
出た目の和が裏側の和のちょうど半分になりました。
同じ数はありませんでした。
出た目はいくつといくつといくつだったでしょう。

1，2，4

　サイコロの向かい合う面の数の和は7，3つのサイコロの表裏の和は7×3＝21で21。
　これを7（表の目）と14（裏の目）に分ければよいでしょう。
　異なる3つの数で和が7になるのは1，2，4のみです。

授業でのポイント

「両面の和」「一方が一方の半分になるように分ける」「答えが1通りしかない」など，理由を説明させることを大切にしましょう。

3年〜
たし算

11 連続する数の和を等しくするには

左の連続して並んだ数の和が右の連続して並んだ数の和と等しくなっています。
他にもあるでしょうか。探してみましょう。

$$1+2=3$$
$$4+5+6=7+8$$

$$9+10+11+12=13+14+15$$
$$16+17+18+19+20=21+22+23+24$$
$$25+26+27+28+29+30=31+32+33+34+35$$

$$1+2=3$$
$$4+5+6=7+8$$
（4を2ずつ5と6に分配）

$$9+10+11+12=13+14+15$$
（9を3ずつ分配）

$$16+17+18+19+20=21+22+23+24$$
（16を4ずつ分配）

$$25+26+27+28+29+30=31+32+33+34+35$$
（25を5ずつ分配）

授業でのポイント

「1＋2＝3」だけ示して次を探す活動にしても展開できます。いろいろな「次」を見つける試行錯誤を大切に,「きまり見つけ」を楽しみましょう。並べてみると先頭の数字が平方数であることに気付きます。「次（先頭36）もその次も調べたい」との子どもの声を待ちましょう。

3年〜

かけ算の筆算

12 一番大きくなる式は？

連続する3つの数字で2桁×1桁のかけ算を作ります。
答えが一番大きくなる式は何でしょうか。

例えば
5，6，7の
場合は
どっちかな？

$$\begin{array}{r} 7\,5 \\ \times\quad 6 \\ \hline \end{array} \qquad \begin{array}{r} 6\,5 \\ \times\quad 7 \\ \hline \end{array}$$

$$\begin{array}{r} 6\,5 \\ \times\quad 7 \\ \hline \end{array}$$
だね

私は
3，4，5で
考えてみるわ…

答え

真ん中の数	一番小さい数
×	一番大きい数

　例えば，(3，4，5)や(5，6，7)の場合で考えてみると，子どもたちが考えるのは大体2種類で，計算してみると以下のようになります。

```
  43       53
×  5     ×  4
 215      212
```
2番目に大きな式

```
  65       75
×  7     ×  6
 455      450
```
2番目に大きな式

授業でのポイント

最大の式を作ろうとすると，必ず2番目に大きい式も出てきます。別の数でも試してみると，いつでも同じように作ればいいことに気が付くでしょう。

13 2番目との差は？

連続する3つの数字で2桁×1桁のかけ算を作り、一番大きな答えと2番目に大きな答えの差を求めます。

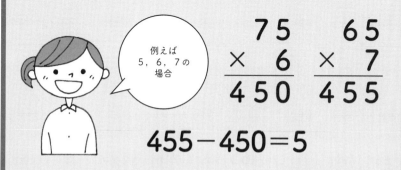

$$455 - 450 = 5$$

何か気付いたことはありますか？

差はいつでも右上の数（一番小さい数）になる

　答えが最大になる式と2番目に大きな式の違いに注目してみると,「一番小さい数」が必ず筆算の右上にあります。なぜでしょうか。筆算を分解して考えてみましょう。

```
   75        65
 ×  6      ×  7
   30        35    ←1段目の差は,（7－6）×5
  420       420    ←2段目は,いつも同じ
  450       455              ↓
                   差は,いつでも一番小さい数になる
```

授業でのポイント

これも何問か計算しながら考えていくと,きまりが見えてきます。楽しみながら筆算の習熟を図ることができます。

必勝法を考えよう！

3年～
あまりのあるわり算

16本の棒を下のルールをもとに，2人で交互に消していきます。

①左から順に消していきます。
②1回に消せる本数は，連続する1～3本まで。
③最後の棒を消した人の勝ち。

後手が必ず勝てる方法を考えてみましょう。

どうやったら勝てるのかな？

消す棒が4本になるように消していく

（先手●：右上がり　後手○：右下がり）

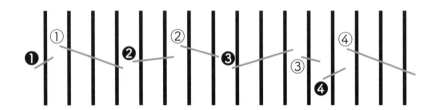

上のように，「相手が1本消したら自分が3本消す」「相手が2本消したら自分が2本消す」「相手が3本消したら自分が1本消す」と，消す棒が合わせて4本になるようにします。

先手	後手
1	3
2	2
3	1

合わせて4

1回で消せる数が3本ということは，最後に2人で消せる最少の数は4本。棒は全部で16本なので，16÷4＝4と4本ずつ消すのを4回繰り返していけば，最後の棒を後手が消すことができます。

もしも17本など，4で割ると1あまる場合は，はじめにそのあまりである1本を消してしまえば，残りの16本を後手が消していくことと同じになるので，先手が必ず勝てます。

授業でのポイント

ルールがわかったら，まずは2人1組で自由にゲームさせます。すると，残り4本で「負けた」と言う子が現れるはず。その理由を扱うと必勝法を見つけるヒントになるかもです。

3年〜
計算の工夫

15 1〜9で式を作ろう

下の□に1〜9までの数字を1つずつ入れて，式を完成させましょう。

$$□ - □ = □$$
$$×$$
$$□ ÷ □ = □$$
$$=$$
$$□ + □ = □$$

$$\boxed{9}-\boxed{5}=\boxed{4}$$
$$\times$$
$$\boxed{6}\div\boxed{3}=\boxed{2}$$
$$=$$
$$\boxed{7}+\boxed{1}=\boxed{8}$$

　わり算から考えると，8÷2＝4，8÷4＝2，6÷3＝2，6÷2＝3の4つしかありません。そこから縦のかけ算を考えると，わり算は6÷3＝2になることがわかります。

授業でのポイント

わからない子が多ければ，いくつか数字を入れておいてもいいでしょう。

3年〜
2桁のかけ算

16 同じ数字が並ぶには？

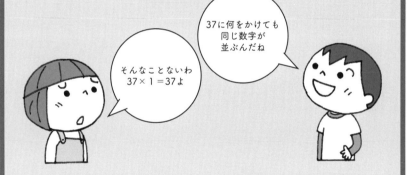

$37 \times 15 = 555$
$37 \times 24 = 888$
$37 \times 9 = 333$

37に何をかけても同じ数字が並ぶんだね

そんなことないわ
$37 \times 1 = 37$よ

どんなときに同じ数字が並ぶのでしょうか。

37に3の倍数をかける

37× 3＝111　37× 6＝222　37× 9＝333
37×12＝444　37×15＝555　37×18＝666
37×21＝777　37×24＝888　37×27＝999

かける数に注目してみると，
　3，6，9，12，15，18，21，24，27
すべて3の段の数になっています。
例えば，
　37×24＝37×(3×8)
　　　　＝(37×3)×8
　　　　＝111×8
　　　　＝888
37×3＝111がきれいなゾロ目となるため，その何倍かである3の段の数をかけると，同じくきれいなゾロ目が現れます。

授業でのポイント

誰かに好きな1桁の数字を言ってもらい，その数のゾロ目が並ぶように，37に何をかけるかを先生が答えます。繰り返していると，かける数に秘密があることに気付くでしょう。

17 2回かけてひくと？

3年～
2桁のかけ算

連続する2つの数に、それぞれその数をかけて、差を比べてみましょう。

① (14, 15)
　14×14＝196
　15×15＝225
　225－196＝29

② (20, 21)
　20×20＝400
　21×21＝441
　441－400＝41

③ (10, 11)
　10×10＝100
　11×11＝121
　121－100＝21

おもしろいことに気付きませんか？

連続した2つの数の和になっている

14×14＝196
15×15＝225
225－196＝29
　　　→14＋15

　下図のように，アミの部分の面積が差になります。その部分を詳しく見てみると，14と15は連続した数なので差は1です。よって，アミの部分の面積は1×15＋1×14＝1×（15＋14）となります。

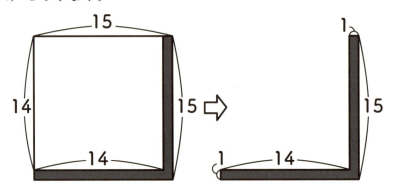

授業でのポイント

誰かに好きな数を言ってもらい計算をしてからきまりを見つけさせてもいいでしょう。あるいは，各自ノートに計算させてから最後の答えを聞いて，その子がはじめに選んだ数を当ててもおもしろいです。

3年〜
2桁のかけ算

18 暗算でできるかな

次のような2桁のかけ算の答えを求めます。

$$25 \times 25 = 625$$
$$76 \times 74 = 5624$$
$$67 \times 63 = 4221$$

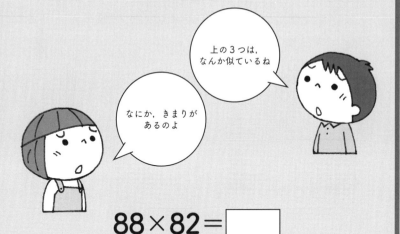

上の3つは、なんか似ているね

なにか、きまりがあるのよ

$$88 \times 82 = \boxed{}$$

筆算をしなくてもできるでしょうか。

できる（7216）

十の位がそれぞれ同じで，一の位同士をたすと10になる式の場合のみできます。

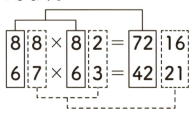

（十の位の数）×（十の位の数＋1）が上2桁，（一の位の数）×（一の位の数）が下2桁となります。

アミの部分を矢印のように動かすと，（十の位の数＋1）×（十の位の数）が見えてきます。

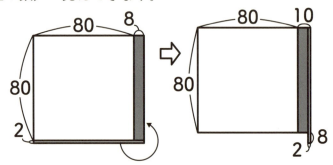

授業でのポイント

きまり見つけ→暗算の仕方→理由の順に考えていきましょう。

3年〜
2桁のかけ算

19 入れ替えても答えは同じ？

2桁×2桁の計算を，十の位と一の位を入れ替えて計算し直してみましょう。

① $64 \times 23 = 1472$
  $46 \times 32 = 1472$

② $46 \times 96 = 4416$
  $64 \times 69 = 4416$

他にも同じ答えになるものを探しましょう。

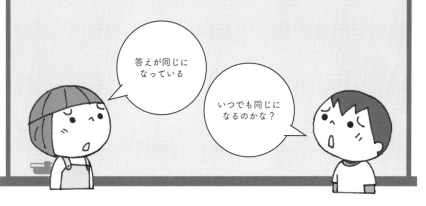

28×41=1148, 82×14=1148
39×62=2418, 93×26=2418
48×42=2016, 84×24=2016 など

十の位同士をかけた数と一の位同士をかけた数が同じ場合のときは，答えが同じになります（それ以外はならない）。

$$\boxed{6\,\boxed{4}} \times \boxed{2}\,\boxed{3} = 1472$$

```
      64                                           46
    ×23                                          ×32
      12  ←      4×3          6×2 →      12
     180  ←   10×6×3       10×4×2 →      80
      80  ←   10×4×2       10×6×3 →     180
    1200  ← 100×6×2      100×4×3 →    1200
    1472                                         1472
```

筆算を見ると，2段目と3段目が入れ替わっただけです。あとは，1段目と4段目が同じであればいいので，6×2＝4×3のように，十の位同士の積と一の位同士の積が同じであれば，答えも同じになります。

授業でのポイント

まずは先生から「64×23」を計算してみようと投げかけ，その後「46×32」を計算してもらいます。どのような場合に答えが同じになるか計算練習を兼ねてきまりを見つけましょう。

20 切り終わる時間は？

長さ3mの丸太を50cmずつ輪切りにします。
1回切るのに8分かかり，切り終わるたびに2分休みます。
すべて切り終わるのに，何分かかるでしょうか。

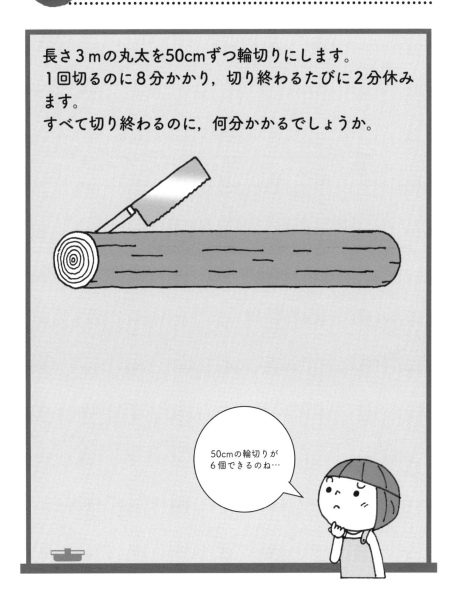

48分

300÷50＝6（回）
　（切る時間8分＋休憩2分）×6回＝60分
と考えた人はいませんか？
　下の図をよく見ると，どうして48分なのかがわかります。

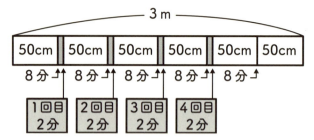

　5回切ると最後の50cmも切り終わるので，切る時間の合計は，
　　8分×5回＝40分
　これは植木算の考え方です。
　また，5回目を切った後，休む時間は必要ないので，休む時間の合計は，
　　2分×4回＝8分
　これも植木算の考え方です。
　つまり，40分＋8分＝48分です。

授業でのポイント

植木算を学習した後に発展問題として扱うとよいでしょう。

21 100はどこかな？①

100はどこになるでしょうか。

順に数を
書いていくと…
あれ？

100は [（1），⑩]

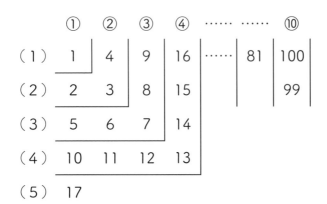

（5）　17

数を○で置き換えてみると

$1+3+5+7+9=25$

正方形の形に並べていくので，

$5×5=25$

$100=10×10$なので，一番上の列（1）の左から10番目（⑩）になります。

授業でのポイント

順にノートに書いていくと，上の列に並ぶ数が九九表の斜めに並ぶ数（平方数）になることに気付いていきます。そのつぶやきがヒントになります。

22 100はどこかな？②

3年〜
特設単元

100はどこになるでしょうか？

1	2	6	12	20
3	4	5	11	19
7	8	9	10	18
13	14	15	16	17

21 ------→

100は［(10), ⑩］

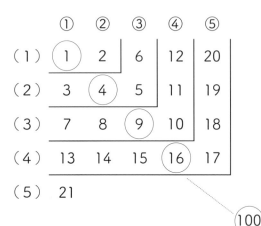

今度は 2 ＋ 4 ＋ 6 ＋ 8 ＋ 10 ＋…といった偶数の和です。
同じ数をかけた数（平方数）が斜めに並ぶので，
100 ＝ 10 × 10 で［(10), ⑩］になります。

授業でのポイント

「100はどこかな？①」の学習を活用して，平方数に目を付けた見方を認めていきましょう。

23 いくつあるかな？①

4年〜
三角形と四角形

三角形はいくつあるでしょうか。

10個

頂点に着目して順序よく調べる方法もあります。

授業でのポイント

まずはばらばらで数えさせ，順序よく考えるよさが味わえるようにするとよいでしょう。

4年～
いろいろな四角形

24 針金の長さは？

図のようなひし形を使ったかざりを作ろうと思います。
ひし形のまわりの長さを作る針金は何m必要でしょう
か？

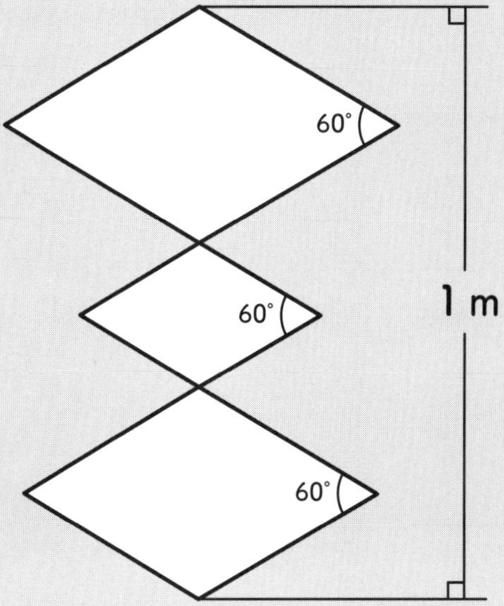

60°

60°

60°

1m

ひし形の一辺の長さは
わからないけど…

4m

　ひし形の一辺の長さはわかりません。
　しかし，下記の図のように補助線を引くと，正三角形を使って針金の長さを求めることができます。

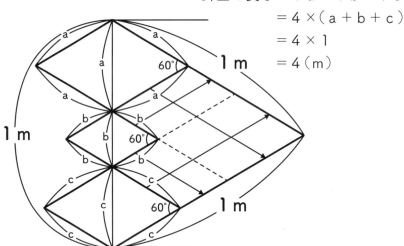

a + b + c = 1（m）なので，
針金の長さ＝4a + 4b + 4c
　　　　　＝4 ×（a + b + c）
　　　　　＝4 × 1
　　　　　＝4（m）

授業でのポイント

補助線を引くことで問題が解けた経験を小学校のうちにさせたいものです。ヒントとして，補助線を提示するとよいでしょう。

25 不思議な九九

4年〜
計算の工夫

あるきまりのもとで作られた2つの九九のたし算の式は，パッと答えを求めることができます。

$$3\times6+7\times7=67$$
$$2\times4+8\times5=48$$
$$9\times2+1\times3=21$$

きまりが何かわかりますか？

あ，あそこに…

かけられる数は，たすといつでも10になっている
式の真ん中が答えと同じになっている

$3 \times 6 + 7 \times 7 = 67$
$2 \times 4 + 8 \times 5 = 48$
$9 \times 2 + 1 \times 3 = 21$

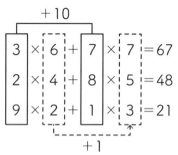

かける数は，前項＋1＝後項になっています。

面積図で考えてみましょう。右のように並べてできた図に補助線を入れると，自然と「67」が浮かび上がってきます。

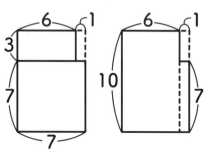

授業でのポイント

まずは子どもたちに適当な九九を言ってもらい，それに合わせて先生がもう一つの九九を決めて不思議さを体験させるといいでしょう。きまりがわかったら，理由も考えてみましょう。

26 どちらの畑が広いかな

4年〜
面積

正方形のAの畑と，Aの畑の縦の長さを1m長くして横の長さを1m短くしたBの畑があります。
AとBでは，どちらの畑の方が広いでしょうか？

Aの畑

Bの畑

例えば
Aの畑の1辺を
20mとすると…

Aの畑の方がいつも1m²広い

Aの畑の1辺を20mとし，Aの畑とBの畑を重ねてみると，

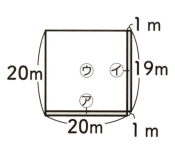

Aの畑＝ウ＋ア
Bの畑＝ウ＋イ
なので
アとイを比べればよい

アとイを比べると，アは20m²，イは19m²なのでAの畑の方が1m²広い。

同じように，Aの畑の1辺を30mとして考えてみると，

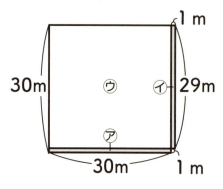

アは30m²，イは29m²なので，やはりAの畑の方が1m²広い。

授業でのポイント

もしも，縦を2m短くして，横を2m長くしたら…など，条件を変えて考えてみましょう。

4年〜
面積

27 2倍のL字型を作ろう

下のようなL字型の図形があります。
同じ形で面積が2倍のL字型を作ります。どのように作ればよいでしょうか。

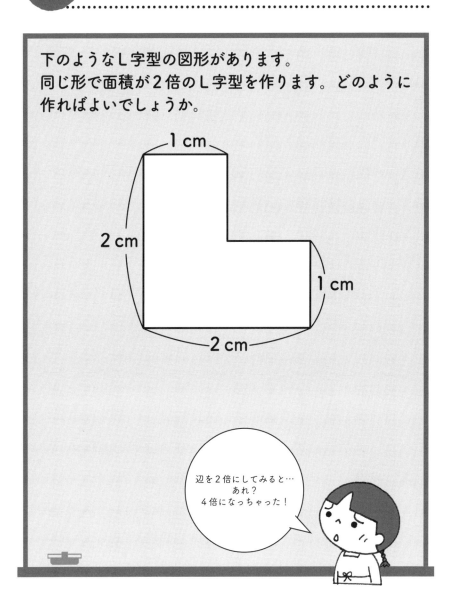

辺を2倍にしてみると…
あれ？
4倍になっちゃった！

答え

　上記のように，正方形を直角二等辺三角形で区切ると，同じ形で面積を2倍にできます。

　もとのL字型は下の図のように直角二等辺三角形が6枚なので，2倍の面積にするには，12枚でL字型を作ります。

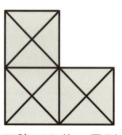

　　もとの図形　　　面積が2倍の図形

授業でのポイント

1年「形づくり」の学習で，直角二等辺三角形を使った形づくりに取り組んでいるので，そのことを思い出させてあげるといいでしょう。

28 あみだくじ

4年〜
変わり方

スタートとゴールのひらがなが逆になるようにあみだくじを作ります。

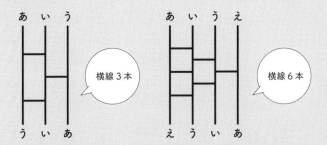

ひらがなが5個のとき，なるべく横に入る線を少なくするには，何本の線を引けばよいでしょうか。

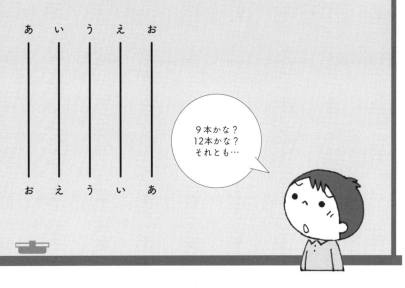

9本かな？
12本かな？
それとも…

10本

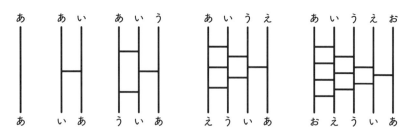

　ひらがなが1つ増えると、前のあみだくじよりも、ゴールのひらがなは1つ右に移動しなくてはなりません。

　あを1つ右にずらすために1本新しい横線を入れる、いを1つ右にずらすために1本横線を入れる…としていくと、（ひらがなの数−1）本新たに横線を加えることになります。

　よって、ひらがな5個のときは、1＋2＋3＋4＝10
　10本必要です。

　表に整理することで、きまりを見つけて考えることもできます。

ひらがなの数	1	2	3	4	5
横線の本数	0	1	3	6	10

　　　　　　+1　　+2　　+3　　+4

授業でのポイント

はじめは、実際にあみだくじを作りながら問題をつかませていきましょう。少ない本数から順序よく調べてきまりを見つけたり、表にして整理して考えたりする過程が大切です。

4年〜
変わり方

  折り目の数は？

図のように紙を順に追ったときの折り目の数を求めます。

(1) 1回折る ⇒ 1本

(2) 2回折る ⇒ 3本

(3) 3回折る ⇒ 7本

7回折ったときの本数を求めましょう。

> 7回も折れないよ…

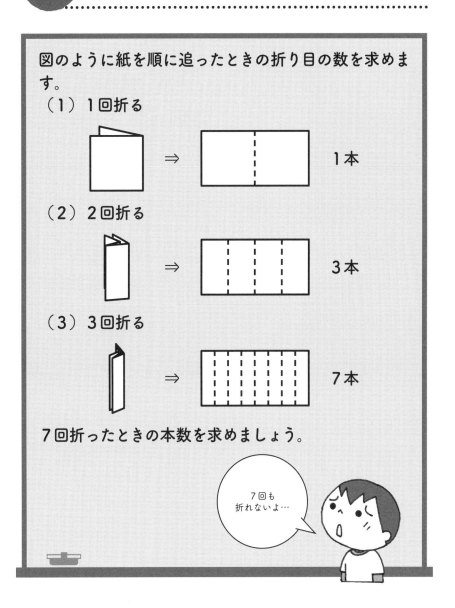

127本（2^7-1）

1回折る…2枚重なる（$1\times2=2$）
2回折る…4枚重なる（$2\times2=4$）
3回折る…8枚重なる（$4\times2=8$）
　　　　　⋮
7回折る…128枚重なる（$2\times2\times2\times2\times2\times2\times2$）

　重なった紙をつなげる部分が折り目なので，植木算と同じ考えで重なった紙の数－1で求められます。

授業でのポイント

実際にテープなどを使って1回折るから順に調べていくときまりが見えやすくなります。実際に7回は折れないので，きまりで考えるよさを味わうことができます。

4年〜

変わり方

30 さっさ立て（江戸時代の和算）

相手に見えないように，おはじき10個を「さぁ」とかけ声をかけながら左右に分けて置きました。
右には2個ずつ，左には1個ずつ置きます。かけ声1回につき，どちらか一方にしか置けません。
さて，「さぁ」が7回のとき，左には何個置いたでしょう。

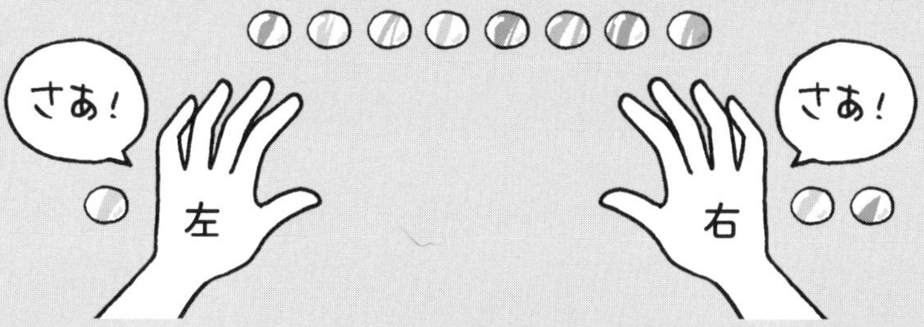

さぁ！　　左　　　右　　　さぁ！

もし，「さぁ」が
5回だったら
簡単なのに…

4個

　簡単な場合から考えてみましょう。
「さぁ」が最も少ない場合は5回で，すべて右に（2個）並べたときです。「さぁ」が最も多い場合は10回で，すべて左に（1個）並べたときです。
　これをもとに表に整理してみると，下記のようになります。

「さぁ」の回数(回)	5	6	7	8	9	10
右（2個ずつ）(回)	5	4	3	2	1	0
左（1個ずつ）(回)	0	2	4	6	8	10

「さあ」が7回だったので，左に並べた個数は4個になります。

授業でのポイント

・表に整理する。
・簡単な場合から考える。
は問題解決でよく使われる方法です。
この教材でそのよさを実感させましょう。

31 積を最大にするには？

9 8 7 6 5

上の数字の間に×（かける）を1つ入れて、かけ算の式を作ります。

（例）
6と5の間に入れた場合
9876×5

積を最大にするには、どこに×を入れるとよいでしょうか。

9×8765

　それぞれに×を入れると，次のような計算式が考えられます。
① 　9 ×8765
② 　98×765
③ 　987×65
④ 　9876× 5
すべてを計算するのは大変です。
　ここでは最大になるものがわかればよいので，概算を利用すると…
① 　10×8765＝87650
② 　100×765＝76500
③ 　1000×65＝65000
④ 　10000× 5＝50000

　数字を12345にしたらどうなるかも考えてみるとおもしろいでしょう。

授業でのポイント

やみくもに計算をするのではなく，見当を立てることを意識させて，子どもの「計算しなくてもできる」という言葉を引き出しましょう。

32 割り進んでいくと…

4年〜
小数のわり算

次の計算を割り進んでいくとき，小数点以下第100位は，どんな数になりますか。

① 1 ÷ 3

② 1 ÷ 11

③ 1 ÷ 7

① 3
② 0
③ 8

　①は1÷3＝0.3333…で，小数点以下に3が続きます。
　②は1÷11＝0.909090…で，小数点以下は9と0が交互に出てきます。よって，小数点以下第100位に入る数は，0であることがわかります。
　③は1÷7＝0.14285714285714…と，小数点以下は，142857という6桁の数が繰り返し出てきます。ですから，100番目の数を見つけるには，
$$100 \div 6 = 16 あまり 4$$
　142857を16回繰り返したあと，6桁の前から4番目の数が100番目になります。小数点以下第100位に入る数は8になります。

授業でのポイント

同じ数字の列が繰り返し現れて無限に続く小数のことを循環小数といいます。筆算で割り進みの計算を考えるときに，あまりに注目させて循環するかどうかを考えていきましょう。

4年〜
立方体

立方体に色を塗って

　1辺が1cmの立方体の積み木を27個使い，1辺が3cmの立方体を作ります。
　そして，できた立方体の6つの面すべてに色を塗ります。さて，
　（ア）色が3面塗られた積み木
　（イ）色が2面塗られた積み木
　（ウ）色が1面塗られた積み木
　（エ）色が塗られていない積み木
は，それぞれいくつあるでしょう。

(ア) 8個 (イ) 12個 (ウ) 6個 (エ) 1個

　それぞれの積み木の数は, (ア) は頂点の数, (イ) は辺の数, (ウ) は面の数を示しています。
　積み木が崩される前, どこに色が塗られているかを考えると, 数を数えやすいでしょう。

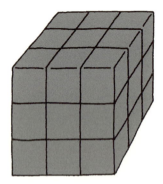

(エ) は, 中心に隠れている積み木です。

　また, 1辺が4cmの立方体を作って, 表面に色を塗ったときは, (ア) (イ) (ウ) (エ) は, それぞれ何個になるでしょうか。頂点の数, 辺の数, 面の数と関連させて考えてみるとおもしろいですよ。

授業でのポイント

実際に立方体を見せて問題の構造をつかませていきましょう。立方体の積み木の数を変えることで, 発展的に考える場を作ることができます。

4年～
直方体と立方体

34 のりしろの数は？

立方体を工作用紙で作ります。
「のりしろ」は何カ所でしょうか？
※のりしろ…紙を貼り合わせるとき，のりをつける部分

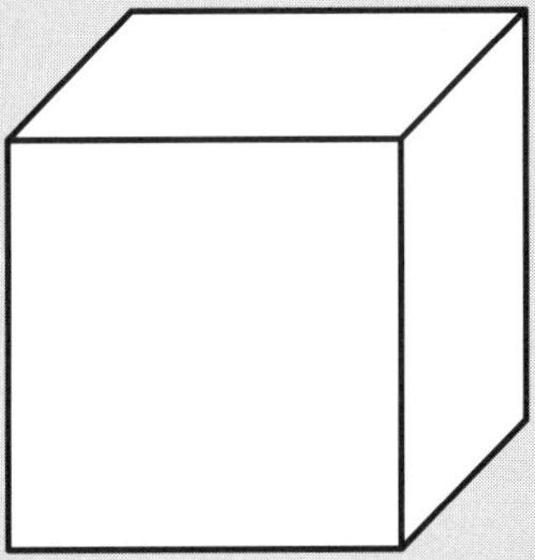

まずは，
展開図にして
考えてみよう

7カ所

　全部のりしろだと考えると，14カ所。

　しかし，それぞれのりしろが重なってしまうので，どちらかだけで間に合います。

　つまり，14を2で割れば，のりしろの数になります。
　　14÷2＝7（カ所）

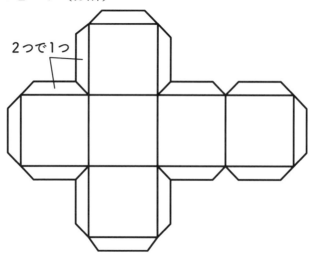

2つで1つ

授業でのポイント

次のような求め方もあります。
・立方体の展開図の辺は12本。
・すでにくっついている辺は5本。
・つまり，のりしろが必要なのは
12から5をひけばいい。
12－5＝7（カ所）

5年〜

体積

35 6個の立方体の表面積

1つが1cm³の立方体6個を使って形を作ります。
表面積が22cm²になるのは，どんな形のときでしょうか。
ただし，ばらばらにしたり辺だけつなげたりする形は
含みません。

これだと26cm²ね

これはダメってことだね

答え

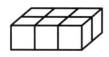 または

　ブロックを動かしたり描いたりして考えると難しいですね。そこで，次のように考えてみましょう。ブロックをばらばらに置いたときの表面積の合計は，

　6㎠×6個で36㎠

　1面重ねるごとに2㎠減るので22㎠になるのは，

　36－22＝14（㎠）

　14÷2＝7（面）

　つまり，7面を重ねる形になります。

　答えで示した形は，どちらも7面重なっていますね。

授業でのポイント

思いついた形を発表させると，いろいろな形が出てきます。「絶対？」と問いかけて，式での説明を引き出しましょう。

5 年〜

整数の性質

36 新幹線の座り方

17人のグループが，新幹線に乗って旅行に行きます。
ひとりぼっちになる人がいないように座ることはでき
るでしょうか？

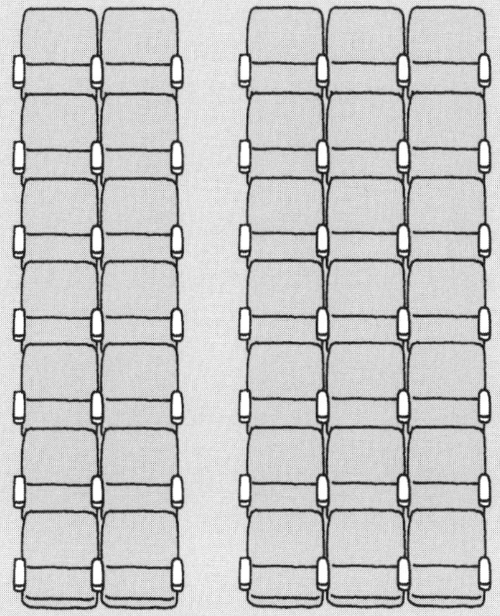

できる

　2人席と3人席があると，誰もひとりぼっちにならずに座ることができます。
　例えば17人のときは，図のように3通りの座り方があります。

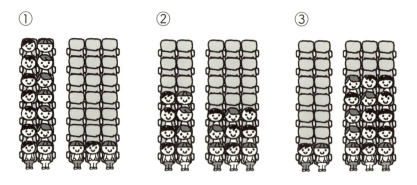

それぞれの座り方を式で表すこともできます。

①2×7+3　②2×4+3×3　③2+3×5

授業でのポイント

実は2と3を組み合わせると，どんな数でも作ることができます。19人，23人と人数を変えても，ひとりぼっちになる人がいないように座れるか考えてみましょう。

37 72で割り切れる数

次のような4桁の整数があります。
□に1桁の整数を入れて，72で割り切れる数にしましょう。

□11□

「72」は，8と9の公倍数だから…

5 1 1 2

「72で割り切れる」は次のように言い換えることができます。
「÷8でも割り切れて，÷9でも割り切れる」

まず，「÷8でも割り切れて」に着目して考えます。千は8の倍数なので，千の位にどんな数が入っても割り切れます。よって，千の位は後で考えることにします。

次に，百の位までで考えます。11□が8の倍数になるには，□が2のときです。

最後に，「÷9でも割り切れる」について考えます。9の倍数は，位ごとの数字をたすと9の倍数になる性質があります。

□＋1＋1＋2が9の倍数になるのは，千の位が5のときです。

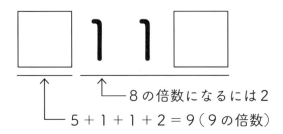

授業でのポイント

まず「『11□』が8で割り切れる」場合だけを扱い，発展として本教材を扱う方法もあります。

5年〜

偶数と奇数

38 サイコロを振って

5個のサイコロを振って，出た目の数をかけ算します。
積は，偶数と奇数，どちらが多くなるでしょうか。

偶数が多くなる

例えば、サイコロの目が、3, 6, 5, 1, 5と出たとします。
偶数は2の倍数なので、2×□と表すことができます。

3×6×5×1×5 = 3×(2×3)×5×1×5
= 2×|3×3×5×1×5|

よって、3×6×5×1×5は、2の倍数だということがわかります。

つまり、かけ算の式の中に1つでも偶数があれば、2×□の形にすることができるので偶数になるのです。

では、サイコロの出た目をかけ算して奇数になるときは、どんな場合でしょう。

それは、出た目の数が1, 3, 5, 3, 1のように、すべて奇数のとき。この場合のみでしか、かけ算しても奇数になりません。

なので、5つのサイコロを振って出た目の数をかけたときは、偶数になることが多いのです。

授業でのポイント

実際にサイコロを振ってみて、子どもたちに「あれ？ 偶数ばっかりだ…」と問いをもたせましょう。子どもたちの実態に応じて、サイコロを2個から始めてもいいでしょう。

5年～

偶数

39 和が等しくなる入れ方は？

1～9までの数を1つずつ□に入れて，縦と横の和
が等しくなるようにしましょう。

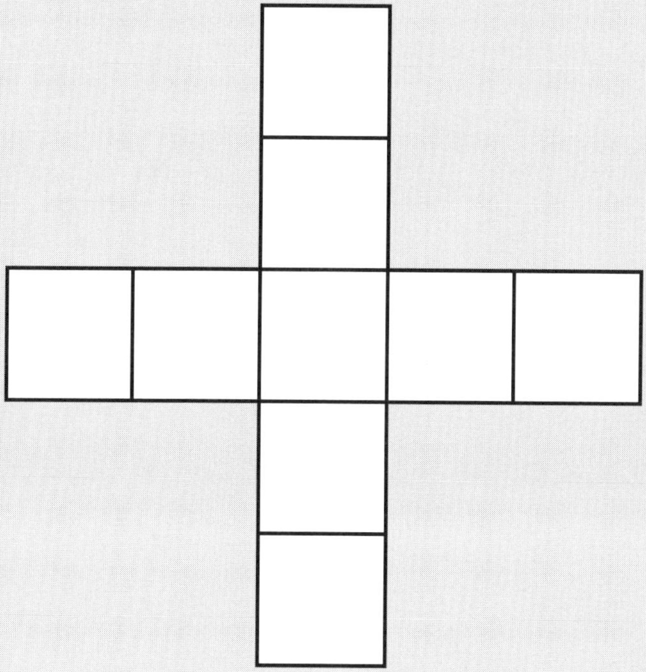

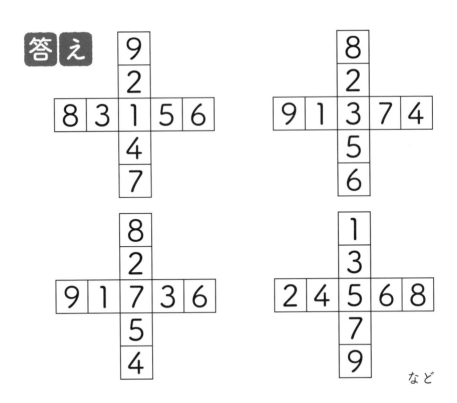

　中央の数字は両方にたされることになるので,中央の数字をのぞいた縦と横の和が等しくなるように入れるといいでしょう。

　1から9までの和は45なので,縦と横の和が等しくなるためには必ず中央には奇数が入ります。

授業でのポイント

まずは子どもに自由に作らせ,たくさんの事例を集めて,中央の数のきまりに気付かせるようにしましょう。数を2〜10にするなど,他の数で考えてみるのもおもしろいです。

積が等しくなる入れ方は？

2～10までの数を1つずつ□に入れて，斜めの5つの数字の積が等しくなるようにしましょう。

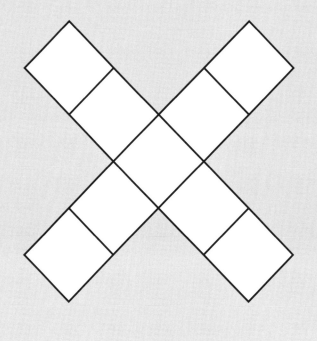

2から10までの数をかけ算で分解して考えると次のようになります。
2 = 2
3 = 3
4 = 2 × 2
5 = 5
6 = 2 × 3
7 = 7
8 = 2 × 2 × 2
9 = 3 × 3
10= 2 × 5

（例）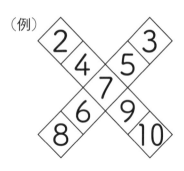

　上の結果から，7は1つしか入っていないので必ず中央に入ることになります。
　あとは，それぞれの数の組み合わせが同じになるように，5と10は別の列にするなど，入れ方を考えていきます。
　7を中心として，上記の答えか，それぞれの列の数字を並べ替えたものが答えとなります。

授業でのポイント

10は2×5で作れることや，9×2と3×6はどちらも18になることに着目させて，7だけが特殊なことに気付かせていきましょう。

最後に立っている子は？

次のようなルールで，一人ひとりの出席番号をもとに，立ったり座ったりさせていきます。
① はじめは，全員座っている。
② 次に1の倍数の子が立つ。
③ 次に2の倍数の子が座る。
④ 次に3の倍数の子で立っている子は座り，座っている子は立つ。
⑤ その後，クラスの人数の倍数（40人なら4〜40）まで④と同様のことを繰り返す。

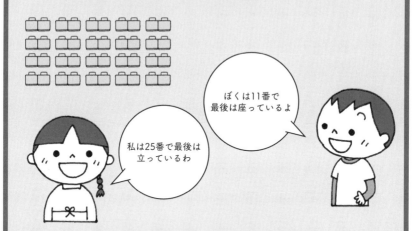

ぼくは11番で最後は座っているよ

私は25番で最後は立っているわ

最後に立っているのは何番の子どもたちでしょうか。

1番，4番，9番，16番，25番

　例えば，出席番号が15番の子は，約数が，1，3，5，15なので，立って座って立って座ってということになります。つまり，約数が偶数個であれば（立って座る）を繰り返すことになり，最後は座っているわけです。

　一方，出席番号が9番の子のように，約数が奇数個の場合は（立って座る）を繰り返した後，最後にもう1回立つことになります。

　立っている子の共通点は，
　　1の約数：1
　　4の約数：1，2，4
　　9の約数：1，3，9
　　16の約数：1，2，4，8，16
　　25の約数：1，5，25
　　　　　　→約数が奇数個。

授業でのポイント

クラスでやってみて最後に立っている子たちの番号から考えていきましょう。倍数と約数の関係に気付くとそれらの理解を深められるはずです。

5年〜
平均

42 九九表の数の合計は？

九九の答えをすべてたすと，いくつになるでしょうか。

×	1	2	3	4	5	6	7	8	9
1	1	2	3	4	5	6	7	8	9
2	2	4	6	8	10	12	14	16	18
3	3	6	9	12	15	18	21	24	27
4	4	8	12	16	20	24	28	32	36
5	5	10	15	20	25	30	35	40	45
6	6	12	18	24	30	36	42	48	54
7	7	14	21	28	35	42	49	56	63
8	8	16	24	32	40	48	56	64	72
9	9	18	27	36	45	54	63	72	81

2025

① 九九の答えの平均で考える。
九九の答えの平均は，25なので，25×81＝2025

② 1の段の和　　1＋2＋3＋4＋5＋6＋7＋8＋9＝45
　2の段の和　　2×(1＋2＋3＋4＋5＋6＋7＋8＋9)
　　　　　　　＝2×45
　⋮
　8の段の和　　8×(1＋2＋3＋4＋5＋6＋7＋8＋9)
　　　　　　　＝8×45
　9の段の和　　9×(1＋2＋3＋4＋5＋6＋7＋8＋9)
　　　　　　　＝9×45
これをすべてたすと，
(1＋2＋3＋4＋5＋6＋7＋8＋9)×45＝45×45
　　　　　　　　　　　　　　　　＝2025

授業でのポイント

「平均」の学習の後，活用問題として取り組めます。九九表のすべての数の平均は25で，九九表の真ん中にあることにも気付かせたいですね。また，式変形することで簡単に答えが求められるのもこの教材のおもしろいところです。

43 10個たすといくつになるかな？

5年〜
平均

連続する10個の数をたしてみましょう。

$$527+528+529+530+531+532+533+534+535+536$$

5番目の数「531」の後ろに5をつけた「531 5」が答えとなる

527＋528＋529＋530＋531＋532＋533＋534＋535＋536
＝5315

```
   527  ! ＋528 ! ＋529 ! ＋530 ! ＋531
  ＋536 ! ＋535 ! ＋534 ! ＋533 ! ＋532
  ────────────────────────────────────
  1063  ! 1063  ! 1063  ! 1063  ! 1063
```

縦にたし算すると，どれも1063になっているのでそれを5倍すればいい。

$1063 \times 5 = (531 + 532) \times 5$
$ = 531.5 \times 2 \times 5$
$ = 531.5 \times 10$
$ = 5315$

つまり，（5番目の数と6番目の数の真ん中）×10になるため，それがいつでも5番目の数に5をつけた数と同じになります。

授業でのポイント

誰かに好きな数字を言ってもらい，そこから連続する10個のたし算をしてもらいます。子どもたちが必死で計算している中，先生がすぐに暗算で答えを出すと問いが生まれます。

5年〜
角

44 何度かな？

「あ」+「い」は何度でしょう？

「あ」の近くに「い」があればいいのに…

45°

「あ」の近くに「い」があれば、なんとか求められそうです。
そこで、下記のように上の正方形を使って、補助線を引きます。
すると、「あ」の近くに「い」を移動できます。
△ABCは直角二等辺三角形

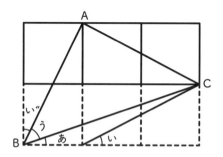

「う」＝45°
「い」＝「い″」
「あ」＋「い″」＋「う」＝90°だから
「あ」＋「い″」＋45°＝90°
　つまり、
「あ」＋「い″」＝45°

授業でのポイント

「補助線を引く」ことは、なかなか出てこないアイディアなので、上の3つの正方形をどう使うか意識させましょう。

45　□に当てはまる数は？

次の式が成り立つ計算を考えましょう。
□には1桁の整数が入ります。

$$\frac{1}{\square} + \frac{1}{\square} + \frac{1}{\square} = 1$$

成り立つ式は
1つだけじゃないね…

答え

$\frac{1}{3}+\frac{1}{3}+\frac{1}{3}=1$, $\frac{1}{2}+\frac{1}{4}+\frac{1}{4}=1$, $\frac{1}{2}+\frac{1}{3}+\frac{1}{6}=1$

いろいろ計算しても求められますが，もっと簡単な「時計の文字盤」を使った方法を紹介します。

時計の文字盤を使って考えられる単位分数は次の通りです。

$\frac{1}{2}$ $\frac{1}{3}$ $\frac{1}{4}$ $\frac{1}{6}$ $\frac{1}{12}$

これを使って次のように考えます。

・$\frac{1}{2}$を決めた後，$\frac{1}{4}$を考える。すると，残ったのは$\frac{1}{4}$だから，

$\frac{1}{2}+\frac{1}{4}+\frac{1}{4}=1$

・$\frac{1}{2}$を決めた後，$\frac{1}{3}$を考える。すると，残ったのは$\frac{1}{6}$だから，

$\frac{1}{2}+\frac{1}{3}+\frac{1}{6}=1$

46 ずっとたしていくと…①

$$\frac{1}{2}+\frac{1}{4}+\frac{1}{8}+\frac{1}{16}\cdots$$

と，前の数の分母を2倍した数をずっとたしていきます。
答えはどうなるでしょうか。

1に近づく（でも，1を超えない）

①計算をして，帰納的にきまりを見つける。

$\frac{1}{2}+\frac{1}{4}=\frac{3}{4}$

$\frac{1}{2}+\frac{1}{4}+\frac{1}{8}=\frac{7}{8}$

$\frac{1}{2}+\frac{1}{4}+\frac{1}{8}+\frac{1}{16}=\frac{15}{16}$

$\frac{1}{2}+\frac{1}{4}+\frac{1}{8}+\frac{1}{16}+\frac{1}{32}=\frac{31}{32}$

> いつも，分子は分母より1小さくなっているね
> だから，答えは1を絶対超えないね

②図で考える。

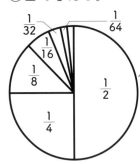

> 残った部分の半分をたしていくんだね
> ずっとたしていくと1にとっても近づいていくね

授業でのポイント

最初は一緒に計算をしていき，ずっとたしていっても1より大きくならないようだとみんなが理解してから，その理由を考える場面を作ってもいいですね。

5年〜
分数のたし算

47 ずっとたしていくと…②

$\frac{1}{3}+\frac{1}{9}+\frac{1}{27}+\frac{1}{81}\cdots$

と,前の数の分母を3倍した数をずっとたしていきます。
答えはどうなるでしょうか。

$\dfrac{1}{2}$ に近づく（でも，$\dfrac{1}{2}$ を超えない）

①計算をして，帰納的にきまりを見つける。

$$\dfrac{1}{3}+\dfrac{1}{9}=\dfrac{4}{9}$$

$$\dfrac{1}{3}+\dfrac{1}{9}+\dfrac{1}{27}=\dfrac{13}{27}$$

$$\dfrac{1}{3}+\dfrac{1}{9}+\dfrac{1}{27}+\dfrac{1}{81}=\dfrac{40}{81}$$

$$\dfrac{1}{3}+\dfrac{1}{9}+\dfrac{1}{27}+\dfrac{1}{81}+\dfrac{1}{243}=\dfrac{121}{243}$$

いつも，分子を2倍して1たした数が分母になっているね
だから，答えは $\dfrac{1}{2}$ を絶対超えないね

②図で考える。

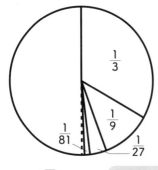

図で考えていくと $\dfrac{1}{2}$ に近づいていくのがわかるね

授業でのポイント

前問の課題から，「もしも分母が3倍になっていったら…」と発展させて考える問題です。前問の考えを使ってこの問題も考えてみましょう。

48 正方形の間にできる三角形の面積

次のことが正しいわけを説明しましょう。
頂点のみで接している２つの正方形の間にできる２つの三角形の面積は等しい。

答え

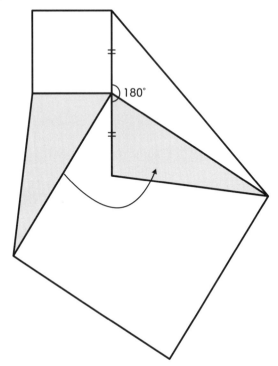

　頂点で接している2つの直角の和と，その間にできた2つの角の和は180°（360°－直角×2＝180°）。

　左の三角形を移動して2つの三角形を並べると「底辺と高さ」が等しいことがわかります。

授業でのポイント
三角形の面積はどんなときに等しくなるのかを考えましょう。

49 二等辺三角形の面積は？

下の図のような二等辺三角形があります。
面積を求めましょう。

底辺も高さも
わからないぞ
30°がヒントかな？

4 cm²

次のように考えると，底辺も高さもわかります。
まず，①と同じ二等辺三角形（②）を右側にくっつけます。
BとDに補助線を引くと，三角形ABDは正三角形になります。
辺AEは垂直二等分線なので，辺BEは2cm。

　三角形の面積＝底辺×高さ÷2 により，
　　　　　　＝4×2÷2
　　　　　　＝4

つまり，二等辺三角形ABCの面積は4cm²となります。

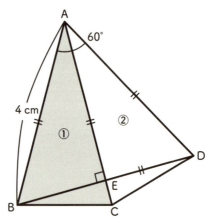

授業でのポイント

頂点が30°から「2つ合わせれば正三角形」を想起させるのがポイントです。二等辺三角形の実物を配付するとよいでしょう。

104

5年〜
図形の面積

50 求め方に共通するものは…

次の図形の面積を求め，共通するものを見つけましょう。

① 平行四辺形

② 三角形

③ 台形

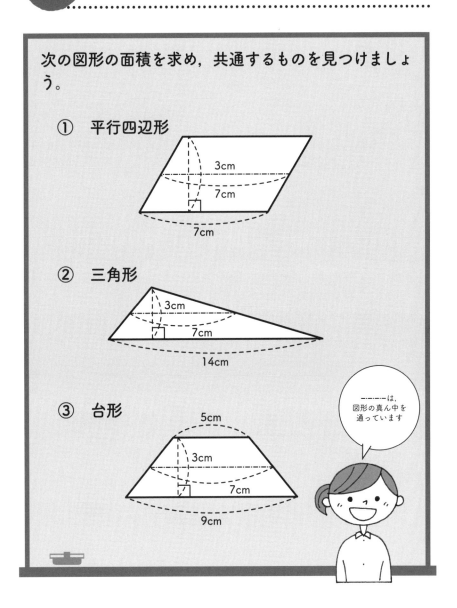

-・-・-は，図形の真ん中を通っています

① 21cm²
② 21cm²
③ 21cm²

① 底辺×高さ
　　7×3＝21
② 底辺×高さ÷2
　　14×3÷2＝21
③ （上底＋下底）×高さ÷2
　　（5＋9）×3÷2＝21

　それぞれ面積の公式を使って求めることができますが，---線に注目してみると，どれも---線の長さ×高さ，になっています。
　---線を「中央の線」，高さにあたる部分を「幅」と考えると，どの図形も「中央の線の長さ×幅」で求められます。円でも，半径を幅と考えると使えます。

授業でのポイント

既習の図形の面積の求め方と比べながら，どこが中央の線と幅になるかを考えていくとよいでしょう。

5年〜
特設単元

 3つの数を求めよう

一つひとつ違う3つの数があります。
この中から2枚を選んでたすと、次の3種類の数ができました。

9・11・12

「3つの数」を求めましょう。

4, 5, 7

総計（9＋11＋12＝32）は3つの数の和の2倍。
3つの数の和は32÷2＝16
3つの数を　a＜b＜c　としたとき，

a＋b＝9（最小）
b＋c＝12（最大）
16－9＝7＝c
12－7＝5＝b
16－（7＋5）＝4＝a

授業でのポイント

クラスの状況によって数値を増やして1, 2, 3, 4, 5の5枚だったらどんな和ができるのかを考える活動をした上で取り組むこともできます。

52 いくつまでたしたのかな？

1から順番にある数までたすと，合計が153になりました。
いくつまでたしたのでしょうか。

$$1 + 2 + 3 + \cdots + \boxed{} = 153$$

順番にたし算をすれば出せるけど…

1＋2＋…＋9は
（1＋9）＋（2＋8）…
とやっていくと
45だとわかる
この考えを使えば…

17

1から□までの合計を台形として考えると,
 (上底＋下底)×高さ÷2＝台形の面積
 (1＋□)×□÷2＝153
 (1＋□)×□＝306
つまり，306になるかけ算を探せばいいので,
 20×15＝300
 19×14＝266
 18×17＝306
よって，17までの合計となります。

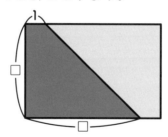

授業でのポイント

次のような考え方をすれば,中学年でも解けます。
- 1から10までの合計は55。
- これをもとに，1から20までの合計は210。
- 153は210より小さいことがわかるから，20から順番に引いて153になる数を探す。
210－20＝190, 190－19＝171, 171－18＝153
つまり，17までの合計。

53 一筆書きできる図形を探そう

下の図形のうち，すべての辺を一筆書きできるのはどれでしょうか。

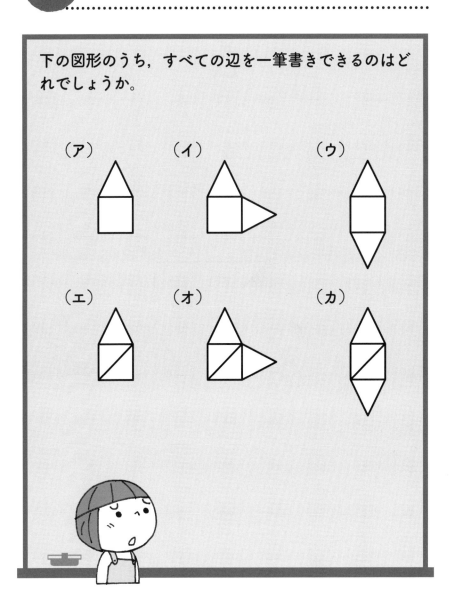

(ア)(イ)(エ)(カ)

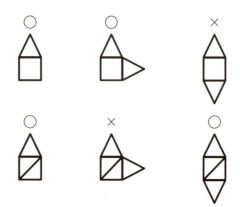

分かれ道に何本の道が集まっているかを考えましょう。

集まっている道の数が奇数のときはスタートがゴールです。
「奇数」の分かれ道が3つ以上あると一筆書きはできません。

授業でのポイント

まずは，一筆書きがどういうことか，四角形や三角形などでかきながら押さえておくといいでしょう。

5年～

特設単元

54 一筆書きできる立体を探そう

下の立体のうち，すべての辺を一筆書きできる立体
はどれでしょうか。

正四面体

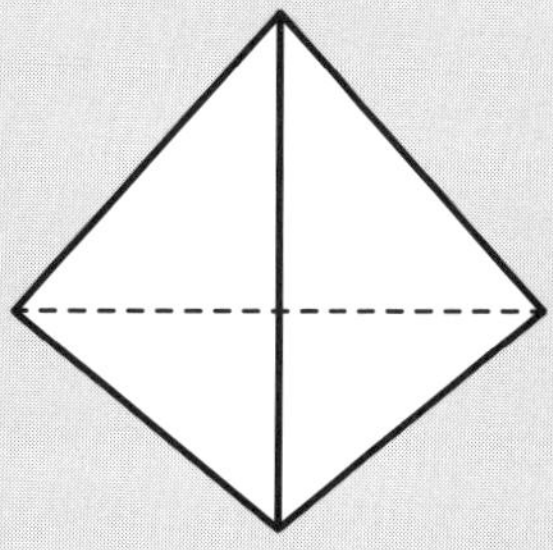

正六面体

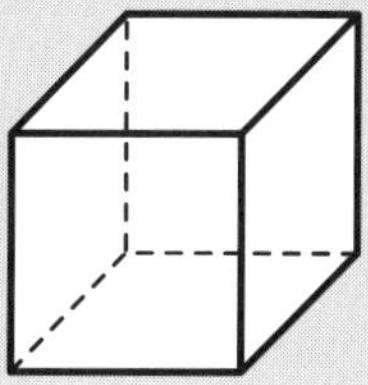

正八面体

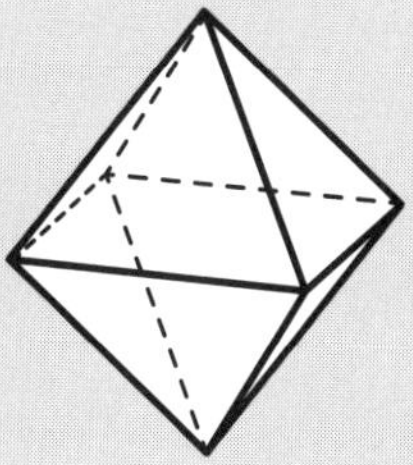

正十二面体

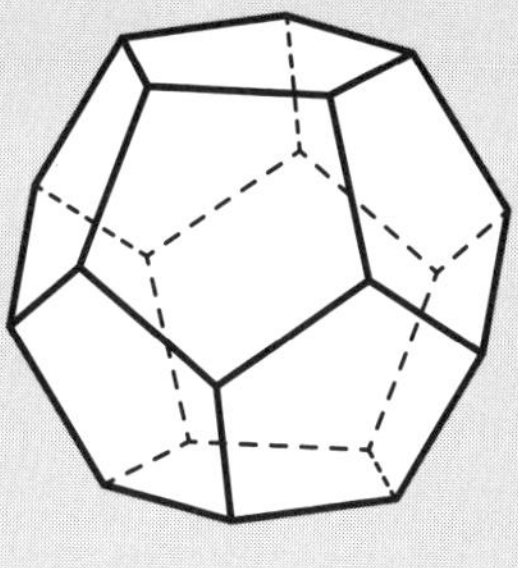

正二十面体

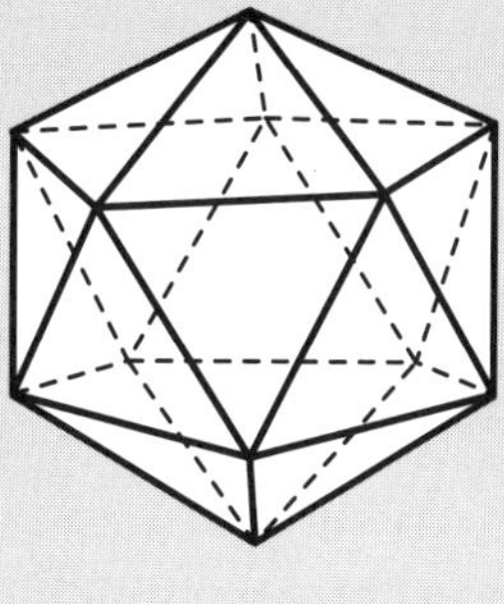

113

正八面体のみ

　頂点に集まる辺の数に注目しましょう。
　一筆書きではスタートとゴール以外の頂点には「出入り」が必要なので，偶数本の辺が必要です。
　正八面体以外は頂点に集まる辺の数が奇数本なので一筆書きができません。

授業でのポイント

まずは平面での一筆書きを体験・理解しておくことが必要です。実際に辺をたどりながら確認する活動が，平面でも立体でも不可欠です。

55 中心角がわからないおうぎ形の面積

6年
円の面積

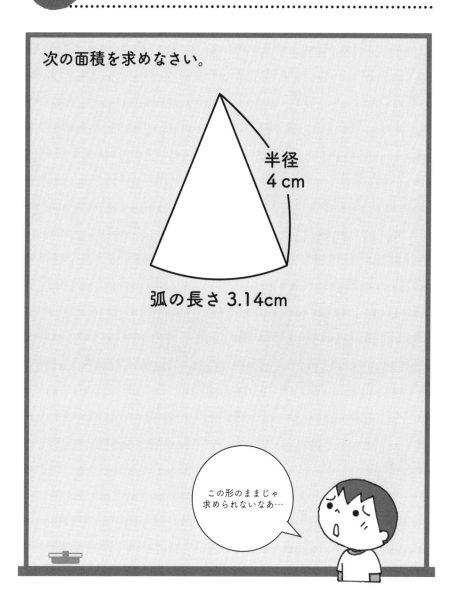

次の面積を求めなさい。

半径 4cm
弧の長さ 3.14cm

この形のままじゃ求められないなあ…

答え

6.28㎠

円の面積を求めるときに、細かく等分して並べ替えて平行四辺形にしました。だったら、おうぎ形も等分して並べ替えると、平行四辺形になるはずです。

平行四辺形の面積＝底辺×高さ
　　　　　　　　＝（おうぎ形の弧の長さ÷2）×半径
　　　　　　　　＝（3.14÷2）×4
　　　　　　　　＝2×3.14
　　　　　　　　＝6.28

等分する ⇒ 並べ替えて平行四辺形に

半径 4cm
弧の長さ 3.14cm

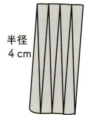

半径 4cm
弧の長さの半分 (3.14÷2)cm

授業でのポイント

次のような求め方もあります。
もし、円だとすると、
円周の長さ＝2×4×3.14
　　　　　＝8×3.14
つまり、このおうぎ形は、円の $\frac{1}{8}$（45°）です。

6年

円の面積

56 どちらが広いかな？

次の（ア）と（イ）の図で，色が塗られている部分
が大きいのはどちらでしょうか。

（ア）

20cm

20cm

（イ）

20cm

20cm

答え
同じ

（ア）

$(20 \times 20 \times 3.14 \div 4) + (20 \times 20 \times 3.14 \div 4) - (20 \times 20)$
$= 20 \times 20 \times 3.14 \div 2 - 20 \times 20$
$= 20 \times 20 \times (1.57 - 1)$
$= 228$

（イ）

$(10 \times 10 \times 3.14 \div 2 \times 2) + (10 \times 10 \times 3.14 \div 2 \times 2) - (20 \times 20)$
$= 314 \times 2 - 400$
$= 628 - 400$
$= 228$

授業でのポイント

（ア）と（イ）を比べてみると，（イ）は ×4 と見ることができます。

57 円錐の表面積

6年 立体の表面積

底面の半径10cm, 母線30cmの円錐の表面積を求めましょう。

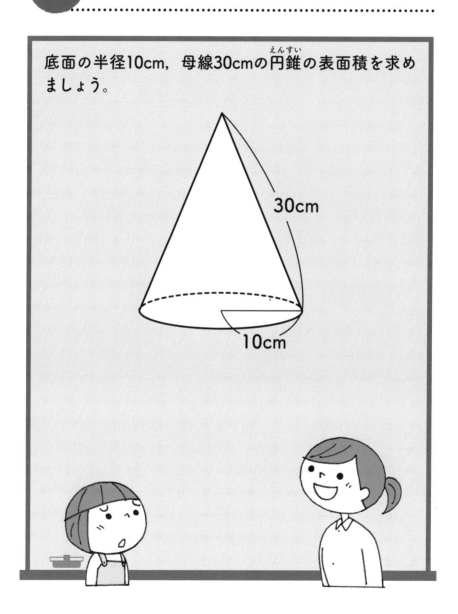

1256㎡

314× 4 ＝1256　1256㎡

底面の半径：母線＝1：3

底面積（10×10×3.14）：側面積（30×30×3.14÷3）＝1：3

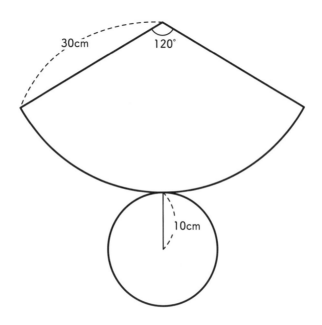

授業でのポイント

数値よりも比で説明させましょう。1：4であれば4倍，1：5ならば5倍…であることも押さえておきましょう。

58 金額は何通り？

1円玉，10円玉，100円玉が1枚ずつあります。これでちょうど作ることができる金額は何通りあるでしょうか。

7通り

(1円, 10円, 11円, 100円, 101円, 110円, 111円)

1円玉	10円玉	100円玉	合計
0	0	0	0円×
1	0	0	1円
0	1	0	10円
1	1	0	11円
0	0	1	100円
1	0	1	101円
0	1	1	110円
1	1	1	111円

ちなみに，1円玉，5円玉，10円玉，50円玉，100円玉，500円玉，1000円札，5000円札，10000円札の1枚ずつで考えると511通り（2^9-1）あります。

授業でのポイント

他のコイン3枚（5円玉，50円玉，500円玉）だとどうなるか，50円玉を加えると何通りに増えるのかも考えてみましょう。

6年
場合の数

正方形はいくつできるかな

次のドットを結んでいろいろな大きさの正方形を作ります。
正方形は全部でいくつできますか。
（同じ点を繰り返し使っても構いません）

50個

次のような大きさの正方形が位置を変えて, そろぞれの個数が考えられます。

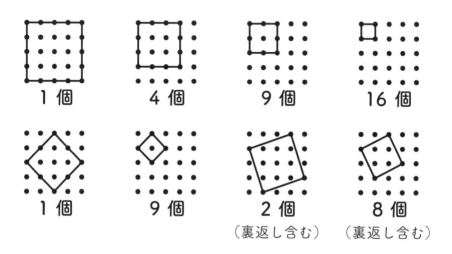

1 + 4 + 9 + 16 + 1 + 9 + 2 + 8 = 50

授業でのポイント

辺が斜めになる正方形を見落とさないようにします。それぞれの大きさの正方形がいくつあるかを, 1つの頂点を基準として順序よく考えていくとよいでしょう。

60 いくつあるかな？②

答え
100個

大きさごとに分けて数えると落ちや重なりなく数えられます。

 4 × 4 = 16
3 × 4 = 12
2 × 4 = 8
1 × 4 = 4

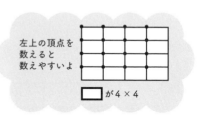
左上の頂点を数えると数えやすいよ
□ が 4 × 4

 3 × 4 = 12

2 × 4 = 8

1 × 4 = 4

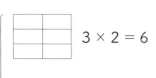 3 × 2 = 6

2 × 2 = 4

2 × 1 = 2

 3 × 3 = 9

3 × 2 = 6

3 × 1 = 3

 3 × 1 = 3

1 × 2 = 2

1 × 1 = 1

［編著］

細水保宏　　（明星大学客員教授）

［執筆］

岡田紘子　　（お茶の水女子大学附属小学校）

種市芳丈　　（青森県三戸町立三戸小学校）

時川郁夫　　（森村学園初等部）

松瀬 仁　　（聖心女子学院初等科）

山本大貴　　（暁星小学校）

授業で使える！
算数おもしろ問題60

2016（平成28）年 6 月18日　初版第 1 刷発行
2022（令和 4 ）年 7 月27日　初版第 8 刷発行

編著者	細水保宏
執　筆	ガウスの会
発行者	錦織圭之介
発行所	株式会社 東洋館出版社

　　　　　〒113-0021　東京都文京区本駒込5-16-7
　　　　　営業部　TEL 03-3823-9206／FAX 03-3823-9208
　　　　　編集部　TEL 03-3823-9207／FAX 03-3823-9209
　　　　　振　替　00180-7-96823
　　　　　Ｕ Ｒ Ｌ　https://www.toyokan.co.jp

装　丁	國枝達也
印刷・製本	藤原印刷株式会社

ISBN978-4-491-03237-5

JCOPY 〈(社)出版者著作権管理機構 委託出版物〉
本書の無断複写は著作権法上での例外を除き禁じられています。複写される場合は、そのつど事前に、
(社)出版者著作権管理機構（電話 03-5244-5088、FAX 03-5244-5089、e-mail：info@jcopy.or.jp）の
許諾を得てください。